LE MIE PRIME 200 PAROLE IN ITALIANO

Per qualsiasi domanda o per ricevere assistenza, inviaci una email all'indirizzo magipublisher@gmail.com

©MAGI Publisher. Tutti i diritti riservati.

Nessuna parte di questa pubblicazione può essere riprodotta o trasmessa in alcuna forma e con alcun mezzo elettronico meccanico, incluse le fotocopie, la registrazione e altri mezzi, senza previo consenso scritto da parte dell'autore, eccetto nel caso di brevi citazioni incluse in recensioni e alcuni utilizzi non commerciali consentiti dalla normativa vigente per il copyright.

LE MIE PRIME 200 PAROLE IN ITALIANO

PRIMAVERA

UCCELLINO

ALBERO

APE

CAPPELLO

FONTANA

FARFALLA

PANCHINA

PIETRE

FIORI

ANNAFFIATOIO

BICICLETTA

ESTATE

CONCHIGLIA	PELLICANO	MARE
STELLA MARINA	SECCHIELLO	SABBIA
TELO MARE		SALVAGENTE
GELATO	PALMA	INFRADITO
GRANCHIO	BARCA	

AUTUNNO

NUVOLA	GHIANDA	PIOGGIA
OMBRELLO	SOLE	VENTO
MONTAGNA	IMPERMEABILE	
ZUCCA		
POZZANGHERA	FOGLIA	GALOSCE

INVERNO

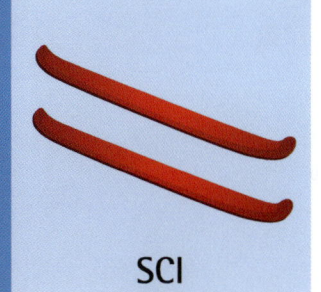

GUFO	RENNA	BABBO NATALE
LUNA	SCIARPA	NEVE
BAMBINI		GUANTI
SCI	BAITA	
PUPAZZO DI NEVE		

FATTORIA

PECORA	MUCCA	
GALLINA	PULCINI	CONTADINO
ASINO	CORVO	CAVALLO
PESCE	OCA	GALLO
LAGHETTO		MAIALE

SCUOLA

ZAINO	ASTUCCIO	
MAESTRA	LAVAGNA	
	GOMMA	RIGHELLO
PASTELLI	LIBRI	TEMPERINO
QUADERNO	BANCO	PENNA

COLORI

ARCOBALENO

VIOLA

NERO — ARANCIONE — ROSSO

MARRONE — ROSA — VERDE

GIALLO — BIANCO — BLU

NUMERI

ZERO

UNO  **DUE**  **TRE**

QUATTRO  **CINQUE**  **SEI**

SETTE  **OTTO**  **NOVE**

ANIMALI

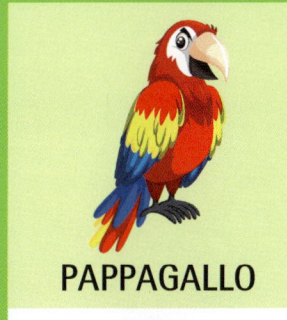

PAPPAGALLO	TIGRE	
SCIMMIA	IPPOPOTAMO	TUCANO
SERPENTE	PANDA	GIRAFFA
ELEFANTE	LEONE	
TARTARUGA	COCCODRILLO	

CITTÀ

AUTOMOBILE

MOTOCICLO

NEGOZIO

AEREO

PALAZZO

PORTA

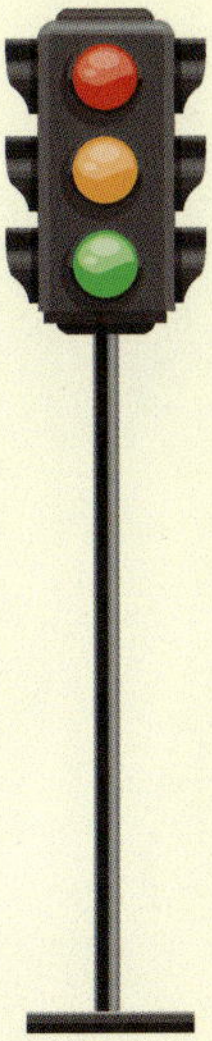

STRADA

AUTOBUS

SEMAFORO

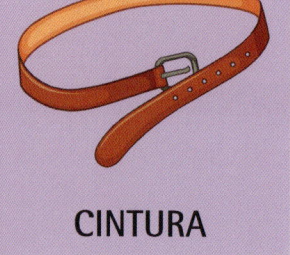

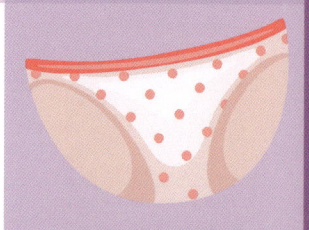

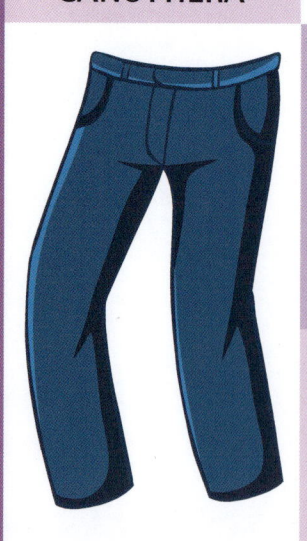

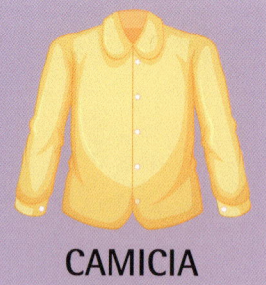

SCARPE	RAGAZZO	RAGAZZA
CINTURA		
CANOTTIERA	CALZE	MUTANDINE
PANTALONI	CAMICIA	GONNA
	GIUBBOTTO	MAGLIETTA

- CAPELLI
- OCCHIO
- ORECCHIO
- NASO
- COLLO
- MANO
- BOCCA
- BRACCIO
- GAMBA
- PIEDE

FAMIGLIA

PAPÀ	CASA	GIARDINO
MAMMA	FIGLIA	FIGLIO
CANE	NONNA	NONNO

PICNIC

LATTE	PANE	UOVO
FORMAGGIO	VERDURA	
FRUTTA		
CARNE	TRAMEZZINO	FUOCO

CUCINA

FORCHETTA	CUCCHIAIO	COLTELLO
BICCHIERE	TAVOLO	
SEDIA	PIATTO	FRIGORIFERO
	BOTTIGLIA	
PENTOLA	FINESTRA	

CAMERETTA

COPERTA	GIOCATTOLI	
CUSCINO	LETTO	
COMODINO	ARMADIO	LAMPADA
OROLOGIO		
TAPPETO	SCRIVANIA	

STANZA DA BAGNO

ACQUA	WATER

SPUGNA	SPECCHIO	ASCIUGAMANI
SPAZZOLA	SAPONE	
LAVABO		DOCCIA

MAGI PUBLISHER
PRESENTA

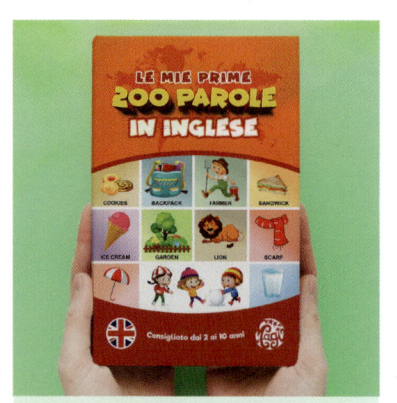

Perché imparare l'inglese...
L'inglese è la lingua ufficiale di 53 paesi.
Oggi, la conoscenza dell'inglese è considerata come un requisito irrinunciabile per avere un'occupazione.

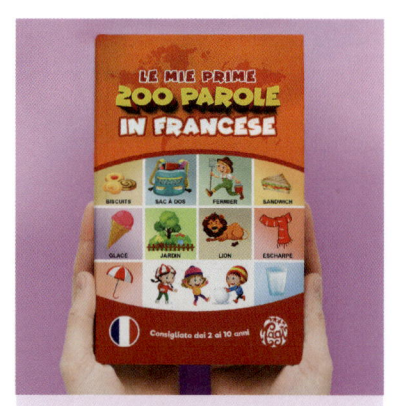

Perché imparare il francese...
Il francese è la lingua più studiata dopo l'inglese e la nona più parlata in tutto il mondo.
Il francese è la lingua ufficiale di enti importanti quali l'ONU, l'UNESCO, l'OTAN, l'Unione Europea e la Croce Rossa Internazionale.

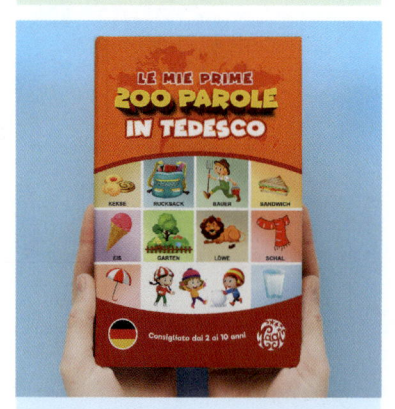

Perché imparare il tedesco...
Il tedesco ti permette di viaggiare e comunicare con circa 100 milioni di persone in Europa. Il tedesco è la lingua madre più parlata in Europa dopo l'inglese.

Perché imparare lo spagnolo...
Lo spagnolo è la seconda lingua parlata al mondo ed è la lingua madre del 7% della popolazione mondiale. Lo spagnolo è la lingua ufficiale in 22 paesi; solo negli Stati Uniti d'America è parlato da 35 milioni di persone.

PER BAMBINI DAI 3 AI 7 ANNI

112 PAGINE A COLORI

200 PAGINE

BLACK & WHITE EDITION

PER BAMBINI DAI 6 AI 10 ANNI

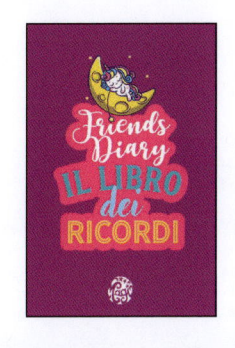

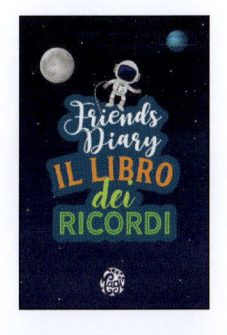

100 PAGINE A COLORI

Friends Diary è un quaderno di attività pensato per bambini di 6-10 anni, può essere completato da soli o in compagnia.
è un acchiappa ricordi, tante pagine da riempire di pensieri disegni e immagini.
Un utile mezzo per dare sfogo alla creatività disegnando animali fantastici, emoticon o astronavi ma anche per scrivere e incollare ritagli.

Supportaci con una tua recensione su Amazon, le leggiamo tutte!

Printed by Amazon Italia Logistica S.r.l.
Torrazza Piemonte (TO), Italy